달과 사냥의 신 아르테미스

일러두기

이 책은 SBS에서 방영된 애니메이션 〈올림포스 가디언〉의 스토리북 《그리스 로마 신화 올림포스 가디언》을 재구성한 초등 필수 인문 교양서입니다.

신화적 가치

신화는 한 민족의 기원이나 역사적·종교적·문화적 삶의 모습을 보여 주는 옛이야기입니다. 주로 신과 영웅에 관한 이야기가 많고, 오랫동안 입에서 입으로 전해 내려왔다는 특징이 있지요.

우리가 살펴볼 그리스 로마 신화는 고대 그리스와 로마에 전해 오는 신화와 전설을 한데 묶은 것입니다. 그리스 로마 신화는 고대의 삶을 엿보게 해 주는 문화유산일 뿐만 아니라, 세계 여러 나라의 문학과 미술에 큰 영향을 끼쳤습니다. 하지만 문화적 가치만큼이나 중요한 것이 또 있습니다. 오래된 옛이야기이면서도 거기에 담긴 교훈적 가치가 오늘날에도 여전히 쓸모 있고 중요하다는 사실입니다.

놀랍지 않나요? 수천 년 전의 이야기가 어떻게 과학 문명이 고도로 발달한 오늘날에도 통하는 것일까요? 그것은 바로 그리스 로마 신화에 나오는 신과 영웅의 모습이 오늘날 우리의 모습과 다르지 않기 때문입니다. 신들도 우리처럼 분노하고, 질투하고, 실수하지요. 그런 모습을 보면서 우리는 깔깔 웃거나 눈물을 흘리고, 교훈과 감동을 얻습니다. 우리가 그리스 로마 신화를 읽어야 하는 까닭이 바로 이것입니다.

신화의 세계로 떠날 여러분에게 한마디 덧붙이자면, 신화는 우리에게 끝없는 상상력을 요구한다는 점입니다. 신화 속에는 수많은 은유와 상징이 곳곳에 널려 있지요. 따라서 신화를 읽을 때는 상상력을 최대한 발휘하여 신화 속에 숨겨진 의미를 찾고, 그것을 자기 나름대로 재해석하는 과정이 필요합니다. 이렇게 읽었을 때 비로소 여러분 앞에 놀라운 삶의 이야기가 펼쳐질 것입니다.

자, 그럼 흥미진진한 신화의 세계 속으로 함께 떠나 볼까요?

주요 등장인물

아폴론

제우스와 레토의 아들로 아르테미스와 쌍둥이 남매예요. 태양과 음악의 신이며 아르테미스처럼 활을 들고 다녀요.

아르테미스

제우스와 레토의 딸로 아폴론과 쌍둥이 남매예요. 달과 사냥의 여신으로 순결을 중요하게 여겨요.

악타이온

카드모스 왕의 손자로, 뛰어난 사냥꾼이에요. 우연히 아르테미스가 목욕하는 모습을 보게 돼요.

알페이오스

강의 신으로, 아르테미스를 사랑해요. 억지로 아르테미스의 사랑을 얻으려 하지요.

오리온

바다의 신 포세이돈의 아들로, 거인이면서 뛰어난 사냥꾼이에요.

데메테르

대지와 곡물, 농업의 여신이에요.
갑자기 사라져 버린 페르세포네를
찾으려고 세상 곳곳을 헤매요.

하데스

죽은 자들이 사는 지하 세계를 다스리는
신이에요. 어느 날 우연히 땅 위로
올라왔다가 페르세포네의 아름다움에
반해 그녀를 지하 세계로 납치해요.

아프로디테

아름다움과 사랑의 여신이에요.
올림포스에서 가장 아름답기로 손꼽혀요.
상대방의 마음을 잘 유혹하고
질투심이 많아요.

페르세포네

데메테르의 딸로, 하데스에게 납치를
당해 그와 결혼하고 지하 세계의
여왕이 돼요. 무서운 하데스와 달리
너그러운 마음을 지녔어요.

에로스

아프로디테의 아들로, 사랑의 신이에요.
신과 인간에게 화살을 쏘아 사랑이나
미움이 싹트게 하는 능력이 있어요.

차례

주요 등장인물 4
프롤로그 7

1장 달과 사냥의 신 아르테미스 ·················· 8

2장 아르테미스의 슬픈 사랑 ·················· 52

3장 지하 세계로 끌려간 페르세포네 ·················· 94

부록 미로 찾기 136   나만의 컬러링 137   올림포스 신들의 계보 138
그리스 로마 신화 주요 인물의 이름 139

프롤로그

제우스의 딸이자 아폴론과 남매인 달과 사냥의 신 아르테미스!
순결을 중시했던 아르테미스는 자존심을
건드리는 자는 누구든지 벌을 주었답니다.
그런데 사냥꾼 악타이온이 우연히
목욕하는 아르테미스를 훔쳐보게 됩니다.
과연 그는 아르테미스의 분노를 비켜 갈 수 있을까요?

1장
달과 사냥의 신 아르테미스

　제우스에게는 수많은 자녀가 있었습니다. 그중 레토 사이에서 태어난 자녀가 쌍둥이 남매인 아폴론과 아르테미스였습니다. 아르테미스는 여신이면서도 아폴론과 함께 활을 쏘면서 사냥하는 것을 좋아했습니다. 누구보다도 사냥 실력이 뛰어난 아르테미스는 아무리 멀리 떨어진 것이라도 날카로운 눈빛으로 활을 겨누어 빗나가지 않게 정확히 맞혔답니다.

"아폴론, 봤어? 이번에도 내가 명중시켰어."

"쯧쯧. 아르테미스. 만날 사내아이처럼 숲속을 달리며 활이나 쏘고 있으니, 걱정이구나."

아폴론은 어여쁜 누이가 사냥만 좋아하는 것이 늘 마음에 걸렸습니다.

 아폴론과 아르테미스

아폴론과 아르테미스는 쌍둥이 남매로 제우스와 레토 사이에서 태어났어요. 레토는 티탄족의 여신이에요. 제우스의 아내 헤라는 레토를 심하게 구박하며 아기가 태어나는 것을 막았지만, 레토는 간신히 위기를 피해 쌍둥이를 낳았어요. 그들은 금세 자라나 어머니를 보호하는 힘을 갖게 됐답니다. 아폴론과 아르테미스 둘 다 올림포스에서 누구도 함부로 무시하지 못하는 강한 신이 되었지요.

"흥, 별걱정을 다 하네. 내가 활을 더 잘 쏘니까 괜히 샘이 나서 그러는 거지?"

아폴론은 아르테미스의 말에 한숨만 내뱉었습니다.

아르테미스는 활만 잘 쏘는 것이 아니었습니다. 창 던지기, 말 타기, 마차 몰기 등 남자들이 하는 모든 일을 능숙히 잘 해냈습니다. 그 누구도 그녀의 실력을 따라잡지 못했습니다. 제우스는 그런 아르테미스를 무척 아끼고 사랑했습니다.

어느 날, 제우스가 아르테미스를 올림포스 신전으로 불렀습니다.

"내 사랑하는 딸아, 이 아비가 너의 소원을 들어주고 싶은데. 한번 말해 보렴."

아르테미스는 눈을 반짝이며 또박또박 말했습니다.

"아버지, 저는 평생 순결을 지키며 처녀로 살고 싶습니다."

"그렇다면 네가 원하는 대로 해 주마. 너에게 영원한 젊음과 고귀한 순결을 주겠노라! 너는 이제 사냥의 여신이 되어 땅을 다스리도록 해라! 또한 달의 여신이 되어 밤하늘을 밝게 비추어라!"

"네, 아버지. 고맙습니다!"

불같은 성격의 아르테미스

날카로운 눈매와 건강한 몸매가 잘 드러나는 아르테미스의 조각상이에요. 사냥의 신답게 화살집을 메고 있지요. 주로 사냥개나 사슴이 함께 따라다녀요. 불같은 성격을 지닌 아르테미스는 복수심이 강하다고 알려져 있어요. 어머니 레토를 깔보았던 니오베의 자식들을 죽이는가 하면, 제물을 바치는 것을 잊었던 오이네우스 왕에게 사나운 멧돼지를 보내기도 했어요.

〈사냥꾼 아르테미스〉 작가 미상

제우스의 축복을 받은 아르테미스는 등에 커다란 화살집을 멘 채 머리에는 반짝이는 초승달 장식을 달았습니다. 그리고 언제나 건강하고 아름다운 모습으로 숲을 누볐습니다. 아르테미스가 지나가는 모습을 본 사람들은 모두 하던 일을 멈추고 멍하니 바라보았습니다.

"우아, 저렇게 당당하고 멋진 분이 또 있을까?"

"정말이지 눈이 부시게 아름다워!"

사람들은 입에 침이 마르도록 아르테미스의 아름다움을 칭찬했습니다. 하지만 정작 아르테미스는 자신의 아름다움이나 외모를 가꾸는 일에는 관심이 없었습니다. 자신을 따르는 님프들을 이끌며 사냥을 하고, 여신으로서의 순결과 품위를 지키는 것을 무엇보다 중요하게 여겼습니다.

도도하고 자존심 강한 아르테미스는 함께 다니는 님프들에게 늘 입버릇처럼 말했습니다.

"잘 들어라. 남자들은 언제나 우리 여자들을 무시하고 다스리려고 하지. 하지만 그건 아주 어리석은 생각이야. 우리는 그들보다 훨씬 더 영리하고 강한 존재란다. 그러니 모두 내 말을 가슴 깊이 새기거라!"

그런데 이렇게 남자들을 못마땅하게 여기는 아르테미스에게 마음을 빼앗겨 버린 신이 하나 있었습니다. 다름 아닌 강의 신 알페이오스였습니다.

알페이오스는 날마다 아르테미스를 찾아와 사랑을 고백했습니다.

"아르테미스, 은은한 달빛처럼 빛나는 그대여! 나는 당신을 바라보면 가슴이 터질 것만 같아요. 당신 없는 세상은 생각하기도 싫어요. 그러니 제발 나의 사랑을 받아 주세요!"

"알페이오스, 정말 끈질기군요. 나는 당신의 사랑에는 전혀 관심 없어요. 이렇게 나만 쫓아다니면 강은 언제 돌보나요? 강을 잘 다스려야 숲이 자라고 농사가 잘될 텐데 말이지요."

아르테미스는 이렇게 늘 차가운 말투로 거절했습니다.

못된 강의 신 알페이오스

알페이오스는 바다의 신 오케아노스와 강의 신 테티스가 낳은 수많은 자식 가운데 하나로, 알페이오스강을 다스렸어요. 알페이오스강은 펠로폰네소스에서 가장 긴 강으로 알려져 있답니다. 알페이오스는 아르테미스를 억지로 차지하려 꾀를 쓰는가 하면, 아르테미스를 따르는 님프 중 하나인 아레투사를 쫓아다니기도 했어요. 숲의 님프였던 아레투사는 알페이오스로부터 도망치다 샘으로 변해 버렸어요.

그때마다 알페이오스는 상심에 빠졌습니다.
'어쩔 수 없군. 그녀를 차지할 방법은 이것밖에 없어.'

알페이오스는 보름달이 뜨는 깊은 밤에 아르테미스와 님프들이 숲 속에서 목욕을 즐긴다는 소식을 듣고 남몰래 계획을 짰습니다. 아무도 모르게 숲으로 숨어들어 가 아르테미스를 납치하기로 마음먹은 것입니다.

'아르테미스, 당신의 콧대가 아무리 높다 해도 언젠가 내 사랑을 받아들이게 될 것이오!'

하지만 이 소식을 몰래 알게 된 님프가 있었습니다. 님프는 숨 가쁘게 아르테미스에게 달려가 알페이오스의 계획을 알렸습니다.

"누굴 납치해? 나를? 흥! 어디 한번 해 보라지."

아르테미스는 의미심장한 미소를 지으며 자신 있게 말했습니다.

드디어 사방이 어둑어둑해지고, 까만 밤하늘에 보름달이 환하게 떴습니다. 알페이오스는 서둘러 아르테미스가 머무는 숲으로 갔습니다. 절벽 위에 숨어 살짝 엿보니 저 멀리 희미한 그림자들이 보였습니다.

"옳지. 바로 저기구나!"

알페이오스는 숨을 죽이고 절벽 끝으로 살금살금 다가갔습니다. 하지만 아르테미스 곁에는 님프들이 함께 있었습니다.

알페이오스는 님프들이 자리를 비우기만을 기다렸습니다.

'왜, 왜 이렇게 오늘따라 님프들이 떨어질 생각을 안 하지?'

당황한 알페이오스는 계속 숨어서 지켜보기만 했습니다. 아르테미스와 님프들은 느긋하게 목욕을 즐겼습니다. 알페이오스는 오지도 가지도 못하고 계속 절벽에서 그 모습을 지켜보기만 했습니다. 한편 절벽의 바위는 알페이오스의 몸무게를 견디지 못하고 조금씩 금이 가기 시작했습니다. 결국 작은 돌조각이 아래로 떨어지고 말았습니다. 그때를 기다린 듯 아르테미스는 큰 활을 겨누어 바위를 맞혔습니다. 콰콰콰쾅! 커다란 소리와 함께 알페이오스의 몸을 받치고 있던 절벽 끝이 무너져 내렸습니다.

"으아아악!"
 알페이오스는 미처 피할 겨를도 없이 절벽 아래로 떨어지고 말았습니다.

그제야 알페이오스는 자신의 계획이 들통난 것을 깨닫고는 뒷걸음 쳤습니다. 분노에 찬 아르테미스가 외쳤습니다.

"이 못된 것! 어디서 무슨 수작을 부리려고 찾아 왔느냐!"

그러고는 얼음장 같이 차가운 물을 알페이오스에게 끼얹었습니다.

이처럼 아르테미스는 자존심에 해가 되는 것을 무슨 일이든 용서하지 않았습니다.

하늘 높이 뜬 태양이 유난히도 뜨거운 햇살을 내뿜는 어느 날 오후였습니다.

건장한 모습의 청년들이 땀을 흘리며 한창 사냥에 열중하고 있었습니다. 울창하게 우거진 숲속은 시간이 갈수록 점점 태양의 열기로 뜨거워졌습니다.

모두 땀을 흘리며 힘들어할 때 한 청년만은 눈을 반짝이며 사냥감을 쫓았습니다. 그는 바로 카드모스 왕의 손자인 악타이온이었습니다. 악타이온은 잘생기고 늠름했으며, 사냥 솜씨 또한 그를 따를 자가 없었습니다.

"분명히 이쪽으로 갔는데……."
악타이온은 자신이 훈련시킨 날렵하고 용맹스러운 사냥개들을 이끌고 숲속을 샅샅이 뒤졌습니다.

　악타이온이 사냥개들을 앞세워 바람처럼 숲을 내달리는 동안, 친구들은 헉헉거리며 겨우 그의 뒤를 쫓았습니다.

"악타이온, 좀 천천히 가게. 힘들어 죽겠다고!"

"쉿, 조용!"

"왜? 뭔데?"

"방금 저쪽에서 무언가 움직였어."

　악타이온은 살짝 흔들거리는 수풀 쪽을 가리키며 말했습니다.

그러자 모두 숨을 죽이며 그쪽을 쳐다보았습니다. 악타이온은 천천히 몸을 낮추더니 재빠르게 화살 하나를 꺼냈습니다. 날카롭고 뾰족한 화살촉이 오후 햇살에 번뜩였습니다. 악타이온은 화살을 활시위에 걸고는 힘껏 당겼습니다.

휘익, 피융!

화살이 바람처럼 날아가 수풀 속을 뚫고 지나간 순간, 무언가 퍽 하고 쓰러지는 소리가 났습니다.

"으르렁! 컹컹! 컹컹컹!"

악타이온의 사냥개들이 사납게 짖으며 수풀 속으로 뛰어들었습니다. 그리고는 잠시 후 커다란 수사슴 한 마리를 물고 나타났습니다.

"우아, 악타이온! 이번에도 사슴을 쏘아 맞혔군."

"정말 악타이온의 사냥 솜씨는 대단하다니까."

"이렇게 자네 혼자서 사슴이란 사슴은 다 잡아들이니, 사냥할 맛이 안 나는데!"

친구들이 부러운 눈으로 쳐다보며 한마디씩 했습니다.

"하하하! 오늘은 그냥 운이 좋았을 뿐이야. 사냥한 사슴들은 자네들이 나눠 가져가게. 난 괜찮으니까."

악타이온은 빙그레 웃으며 활과 화살을 내려놓고 이마에 맺힌 땀방울을 쓱 닦았습니다.

시간이 흐를수록 햇볕은 점점 뜨거워졌고, 숲속은 푹푹 쪄서 숨쉬기조차 힘들었습니다.

"후, 정말 바람 한 점 없군. 이렇게 무더운 날은 태어나서 처음이야. 우리 사냥은 그만하고, 나무 그늘에 앉아서 더위나 식힐까?"

"그래, 악타이온. 좋은 생각이야."

"맞아. 사냥개들도 지쳐 보이는군. 어디 시원한 골짜기에서 잠시 쉬었다 가세."

악타이온과 친구들은 울창한 숲속으로 들어가 바람이 솔솔 부는 곳에 자리를 잡았습니다.

시원한 바람이 악타이온의 땀을 식혀 주었습니다.

사실 악타이온과 친구들이 쉬고 있는 곳은 삼나무와 소나무가 빽빽이 우거진 아르테미스의 계곡이었습니다. 그 계곡에는 아르테미스가 사냥하다가 지칠 때면 들러서 쉬는 아름다운 동굴이 있었습니다.

그날도 역시 사냥의 여신 아르테미스는 숲속에서 한껏 사냥을 즐기는 중이었습니다.

"휴, 오늘은 왜 이리 덥지?"

"아르테미스 님, 사냥은 충분히 했으니 잠시 목욕을 하면서 숨을 돌리시는 건 어떨까요?"

아르테미스를 따르는 님프 하나가 나서서 말했습니다.
"아, 그게 좋겠구나. 얼른 동굴 속의 샘터로 앞장서거라."
아르테미스는 땀에 젖은 몸도 씻을 겸 샘터로 향했습니다. 마침내 나무덩굴로 가려진 작은 동굴 입구가 눈앞에 나타났습니다. 님프들이 재빨리 덩굴을 들어 올리자 또 다른 세상이 펼쳐졌습니다. 동굴의 둥근 천장은 어느 훌륭한 조각가가 깎아 놓은 것처럼 아름다웠고, 주변에는 싱그러운 꽃과 풀이 가득 피어 있었습니다.

더 안으로 들어가니 동굴 한쪽에서 맑은 샘물이 퐁퐁 솟아나고 있었습니다. 샘물은 투명하고 향기로웠습니다. 샘의 둘레에는 보드라운 이끼가 깔려 있고, 갖가지 꽃들이 흐드러지게 피어 있었습니다.
"자, 이리로 오세요, 아르테미스 님!"
아늑한 자리를 마련한 님프들이 아르테미스를 이끌었습니다.
잔뜩 지쳐 있던 아르테미스는 샘물가에 앉아 시중드는 님프들에게 몸을 맡겼습니다.

님프들은 아르테미스의 활과 화살, 그녀가 입고 있던 옷을 받아 들었습니다.

님프들 가운데 가장 손재주가 좋은 크로칼레가 아르테미스의 탐스러운 머리카락을 손질했고, 다른 님프들은 금빛으로 반짝이는 큰 물동이로 물을 길어 아르테미스의 몸 위에 천천히 부었습니다.

목욕을 즐기는 아르테미스와 님프들

아르테미스는 숲속에서 실컷 사냥을 한 뒤에 동굴 안의 맑은 샘물에서 님프들과 목욕하기를 좋아했어요. 아르테미스의 곁에서 님프들이 정성스레 시중을 들고 있어요. 왼쪽에 아르테미스의 화살집도 보이는군요.

〈목욕 후의 아르테미스〉 프랑수아 부셰

한편 친구들과 앉아서 쉬던 악타이온은 숲속 이곳저곳을 거닐고 싶은 생각에 혼자 일어나 정처 없이 걷기 시작했습니다. 그러다가 자신도 모르게 아르테미스의 동굴 앞에 이르렀습니다.

"도대체 여기는 어디지?"

악타이온은 주변을 두리번거리다가 덩굴로 우거진 곳을 발견했습니다. 덩굴을 조심스레 들추자 좁은 동굴 입구가 드러났습니다.

"아니, 이런 곳에 동굴이 있다니……."

동굴 깊숙이 들어온 악타이온의 귀에 깔깔거리는 웃음소리와 님프들의 목소리가 들려왔습니다.

'이게 무슨 소리지?'

호기심이 생긴 악타이온은 샘터로 다가갔습니다.

그때 아르테미스는 님프들과 함께 샘물 안에서 목욕을 즐기고 있었습니다.

"아르테미스 님은 변함없이 아름다운 몸을 갖고 계세요."

"정말 부러워요."

"저희도 아르테미스 님처럼 될 수 있을까요?"

님프들이 넋을 잃고 아르테미스의 아름다움을 이야기하는 동안, 악타이온은 샘물가 바위 뒤에서 보아서는 안 될 것을 보고 말았습니다. 여태껏 그 누구도 보지 못한 아르테미스의 목욕하는 광경을 보고 만 것입니다.

낯선 남자의 갑작스러운 등장에 님프들은 깜짝 놀라 소리를 질렀습니다.

"꺄아악!"

목욕을 즐기는 아르테미스를 본 악타이온

아르테미스의 동굴로 우연히 들어온 악타이온은 아르테미스가 목욕하는 모습을 보고 말아요. 화가 난 아르테미스가 날카롭게 쏘아보고 있어요.

〈아르테미스와 악타이온〉 티치아노

님프들은 재빨리 아르테미스의 몸을 가리려고 허둥댔습니다.

하지만 아르테미스의 키가 요정들보다 훨씬 커서 이미 그녀의 얼굴이 드러나고 말았습니다.

님프들의 고함에 깜짝 놀란 악타이온은 얼른 바위 뒤에 숨었습니다. 악타이온은 쿵쾅거리는 가슴을 부여잡고 천천히 숨을 고르고 있었습니다.

'아, 이럴 수가! 이런 곳에서 아르테미스 님을 보게 되다니!'

악타이온은 그 자리를 떠나기 위해 조심조심 뒷걸음질쳤습니다.

그때였습니다. 위엄 있는 아르테미스의 목소리가 동굴 안에 쩌렁쩌렁 울려 퍼졌습니다.

"거기 누구냐!"

겁에 질린 악타이온이 천천히 몸을 일으켰습니다.

"저, 저는 카드모스 왕의 손자인 악타이온입니다."

"여긴 어떻게 알고 들어왔지? 혹시 내 몸을 엿본 것이냐?"

"아, 아닙니다, 아르테미스 님! 저는 다만 숲속을 거닐다가 우연히 이곳에 들어온 것뿐입니다. 제발 저를 용서해 주십시오."

악타이온의 목소리가 파르르 떨렸습니다.

"너의 변명 따위는 듣고 싶지 않다!"
 아르테미스는 악타이온의 말에 귀를 기울이지 않았습니다. 오직 자신에게 부끄러움을 안겨 준 악타이온에게 화가 나 참을 수가 없었습니다. 아르테미스는 손가락으로 악타이온을 가리키며 무섭게 소리쳤습니다.
 "여기서 나가면 세상 모든 사람들에게 아르테미스의 알몸을 보았다고 신나게 떠들어 대겠지? 내가 그렇게 하도록 가만둘 것 같으냐?"

아르테미스는 손을 뻗어 바닥을 더듬으며 자신의 활과 화살을 찾았습니다. 하지만 얼른 손에 잡히지 않자 손으로 샘물을 퍼서 악타이온의 얼굴에 확 끼얹었습니다.

"으악!"

악타이온은 두 눈을 질끈 감았고, 얼굴과 몸에서는 차가운 물방울이 뚝뚝 떨어졌습니다.

악타이온은 한마디 변명할 새도 없었습니다.

그 순간 악타이온의 머리에서 무언가가 돋아 나기 시작했습니다.

'어, 이게 뭐지?'

악타이온은 손으로 머리를 더듬었습니다.

그것은 단단한 사슴뿔이었습니다. 갈라진 사슴뿔이 점점 자라났고, 굵직한 목은 쑥 늘어났으며, 귀는 뾰족하게 솟았고, 팔은 긴 다리가 되었으며, 온몸은 얼룩덜룩한 갈색 털로 뒤덮였습니다. 두 손과 두 발도 뭉뚝한 사슴 발굽으로 변해 버렸습니다.

사슴으로 변한 악타이온

아르테미스는 자신이 목욕하는 모습을 훔쳐본 악타이온에게 물을 퍼부으며 저주를 내렸습니다. 악타이온은 순식간에 사슴으로 변하고 말았지요.

〈아르테미스와 악타이온〉 주세페 체사리

악타이온은 비명을 지르며 동굴 밖으로 황급히 빠져 나왔습니다. 악타이온은 무작정 달렸습니다. 그런데 나무와 풀들이 빠르게 스쳐 지나가는 것이었습니다.

'이럴 수가! 내가 이렇게 빨리 뛰다니! 대체 난 무엇으로 변한 거지?'

악타이온은 한달음에 시냇가로 뛰어갔습니다. 그리고 마음을 가다듬은 다음 물 위에 비친 자신의 모습을 내려다보았습니다.

그런데 물에 비친 것은 사람이 아닌, 잔뜩 겁에 질린 한 마리의 수사슴이었습니다.

"아니, 이게 나란 말인가? 내가 사슴이 되다니……."

악타이온은 크게 외쳤지만, 그 소리는 사람의 말이 아니었습니다. 악타이온은 이미 사람이 아니라 사슴이었기에 그의 말은 구슬픈 사슴의 울음소리로 들릴 뿐이었습니다.

악타이온은 자신에게 일어난 일을 도저히 믿을 수가 없었습니다. 악타이온의 눈에서 흐르는 눈물은 사슴의 얼굴을 타고 흘러내렸습니다. 굵은 눈물방울은 멈출 줄 모르고 하염없이 떨어졌습니다.

사슴이 된 악타이온이 시냇가에 웅크리고 앉아 슬퍼하는 동안, 어느새 해가 기울었습니다.

'이런, 날이 곧 저물겠군. 이렇게 넋 놓고 있다가는 사나운 짐승들의 먹잇감이 될지도 몰라.'

악타이온은 겨우 몸을 일으켰지만, 어디로 가야 할지 막막했습니다.

'이런 모습을 하고 왕궁으로 돌아간다면 모두 깜짝 놀라겠지? 아니, 나를 비웃으며 손가락질할 거야. 아, 이대로는 돌아갈 수 없어. 그냥 숲속 어딘가로 숨어야 할까?'

자신의 모습이 부끄럽고 초라하다고 여긴 악타이온은 이러지도 저러지도 못한 채 갈팡질팡했습니다.

바로 그때였습니다.

"컹컹! 컹컹!"

사냥개 짖는 소리가 멀리서 들려왔습니다. 악타이온은 그 소리가 귀에 설지 않았습니다.

'가만, 이 소리는……. 내가 아끼는 사냥개들이잖아!'

어느새 여러 마리의 사냥개들이 사슴이 된 악타이온을 보고 바람처럼 달려왔습니다.

하지만 개들은 옛 주인을 알아보고 반가워 달려온 것이 아니었습니다. 사슴으로 변한 악타이온은 개들에게 단지 먹음직스러운 사냥감으로만 비칠 뿐이었습니다.

'으악, 안 돼!'

악타이온은 힘껏 달리기 시작했습니다. 험한 바위산을 넘고, 골짜기를 지나 절벽을 건너뛰면서 잡히지 않으려고 안간힘을 썼습니다. 하지만 노련한 사냥개들은 끈질기게 악타이온을 쫓아왔습니다. 그 뒤에서는 악타이온의 친구들이 사냥개들을 몰며 달려오고 있었습니다. 하지만 아무도 악타이온을 알아보지 못했습니다.

다급해진 악타이온은 목청껏 소리쳤습니다.

"이놈들아, 나는 너희의 주인인 악타이온이다! 이 멍청한 놈들, 주인을 몰라보다니!"

악타이온은 계속해서 울부짖었지만, 사슴의 울음소리만 울려 퍼질 뿐이었습니다. 악타이온의 친구들은 사냥개들을 부추기며 사슴이 된 악타이온을 몰아세웠습니다.

"이봐, 친구들! 나를 모르겠나? 나야, 나! 악타이온이라고!"

악타이온이 아무리 소리쳐도 친구들이 그의 말을 알아들을 턱이 없었습니다. 사냥개들이 짖는 소리는 숲속 가득 높아졌고, 끝내 지쳐 버린 악타이온은 천천히 땅에 주저앉았습니다. 그리고 사냥개들이 자신에게 달려들자 고통스러운 비명을 질렀습니다.

'아, 매정한 아르테미스 님……. 나에게 이런 끔찍한 벌을 내리다니!'

악타이온의 거친 숨소리는 점점 약해졌고, 결국 사냥개들에게 둘러싸여 물어뜯긴 채 숨을 거두고 말았습니다.

악타이온의 사냥개들

악타이온이 아끼던 사냥개들은 사슴으로 변한 주인을 알아보지 못하고 물어뜯어요. 사슴을 물어뜯은 뒤 악타이온의 사냥개들은 계속 주인을 찾아 산을 헤맸다고 해요. 안타깝게 주인을 찾는 개 짖는 소리가 온 산에 퍼졌어요. 주인을 찾던 개들은 악타이온의 스승인 케이론이 사는 동굴까지 가게 되었어요. 케이론은 이 개들을 위로하기 위해 악타이온의 모습을 한 조각을 만들어 주었다고 해요.

달과 사냥의 신 아르테미스

신화 뒷이야기

　아르테미스는 제우스와 레토 사이에서 태어난 여신으로 아폴론과 쌍둥이 남매입니다. 헤라는 레토가 낳은 자식들이 엄청난 세력을 갖게 될 것이라는 신탁을 듣고 레토의 출산을 막고자 갖은 방법을 동원했습니다. 하지만 레토는 위험을 이겨 내고 쌍둥이를 낳았고, 아폴론과 아르테미스는 올림포스의 막강한 신들로 자리매김했습니다.

　이후 새로운 신들의 세대가 시작됩니다. 그때는 굳이 자식들을 낳아 세력을 키울 필요가 없을 만큼 신과 인간이 많아져서 아르테미스는 결혼을 하지 않고 처녀성을 지키며 자신의 삶을 즐깁니다.

　사냥의 여신이면서 달의 여신인 아르테미스는 미모 또한 남달랐습니다. 하지만 순결과 처녀성을 중요시한 그녀는 자신의 고결함을 지키기 위해 잔인한 방법을 마다하지 않았습니다.

　그 대표적인 희생양이 바로 악타이온입니다. 우연히 아르테미스가 목욕하는 모습을 본 그는 변명조차 못하고 아르테미스의 저주를 받아 사슴이 되었습니다.

　그리고 자신이 키운 사냥개들에게 물어뜯겨 처참한 죽음을 맞이합

니다. 아르테미스는 님프들에게도 순결을 강조했습니다. 그래서 아르테미스를 따르는 님프들이 순결을 지키지 못했을 때 용서하지 않았습니다. 아르테미스의 사랑과 신뢰를 한 몸에 받던 님프 칼리스토가 아르테미스로 변신한 제우스에 의해 임신을 하게 되자 그 벌로 곰으로 만든 것만 보아도 알 수 있지요.

이처럼 아름다운 모습을 한 처녀 신 아르테미스는 차갑고 매정하며 복수심이 아주 강했답니다. 그녀가 퍼붓는 저주와 복수는 여느 신 못지않게 무섭고 잔인했습니다. 이를 통해 신들이 인간을 얼마나 하찮은 존재로 여겼는지 알 수 있습니다. 자신의 마음에 들지 않는다고, 자신의 자존심을 건드렸다고 단박에 인간의 목숨을 앗아 가는 신들의 행동은 어찌 보면 참으로 가혹한 것이었답니다.

2장
아르테미스의 슬픈 사랑

　아르테미스는 달의 여신으로 밤만 되면 차갑고 밝은 빛을 내며 다녔습니다. 씩씩하게 사냥하는 모습으로 뭇 님프들의 사랑을 받기도 했지요. 하지만 아르테미스는 남자에게 눈길 한 번 주지 않았습니다. 순결을 중요하게 여기며 남자들의 사랑을 받아들이지 않았습니다.

　또한 신들을 업신여기거나 신의 비밀을 알게 된 자들에게는 망설이지 않고 가혹한 벌을 내렸습니다. 자신에게 사랑을 고백한 강의 신 알페이오스에게 창피를 주는가 하면, 자신이 목욕하는 모습을 본 악타이온을 사슴으로 만들었습니다.

　아르테미스는 차가운 달빛만큼이나 성격도 쌀쌀맞았습니다.

달의 여신을 상징하는 머리 장식

아르테미스는 사냥의 여신이자 달의 여신이에요. 둥그런 보름달이 점점 줄어들어 눈썹 모양의 그믐달이 되는데, 아르테미스는 그믐달 모양의 머리 장식을 머리에 달고 있답니다. 그래서 누가 보아도 한눈에 달의 여신이라는 것을 알 수 있지요.

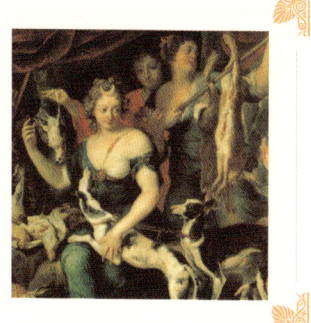
〈아르테미스의 사냥〉 얀 페이트

하지만 아르테미스가 언제나 남자를 싫어한 것은 아닙니다.

아르테미스는 엔디미온이라는 영원한 잠에 빠진 잘생긴 양치기를 좋아했습니다. 아르테미스는 그를 보자마자 마음을 빼앗겼습니다. 아르테미스는 잠든 엔디미온이 맹수들의 공격을 받지 않게 늘 지켜 주었습니다.

하지만 엔디미온은 영원한 잠에 빠져 있어서 아르테미스의 사랑에 응할 수 없었습니다. 오로지 아르테미스 홀로 엔디미온의 이름을 부르고 그를 쓰다듬었습니다. 아르테미스는 엔디미온에게 늘 환한 미소를 보냈습니다.

엔디미온에 관한 두 가지 이야기

잘생긴 양치기 청년 엔디미온은 영원히 잠만 자야 하는 운명이었어요. 엔디미온이 잠들게 된 데에는 두 가지 이야기가 전해져요. 하나는 제우스가 영원한 젊음과 영원한 잠을 함께 선물로 주었다는 것이고, 또 하나는 잠든 엔디미온의 모습에 반해 달의 여신이 그를 영원히 깨어나지 못하게 했다는 것이에요. 잠든 엔디미온에게 반한 달의 여신은 아르테미스 또는 셀레네로 표현된답니다. 태양의 신 아폴론과 헬리오스처럼 이 둘도 혼동되어 쓰이곤 해요.

어느 날, 아르테미스는 커다란 활을 들고 사냥을 나갔습니다.

눈앞에 날씬한 노루가 뛰어갔습니다. 아르테미스는 바람처럼 그 뒤를 쫓았습니다. 아르테미스가 쏜 화살이 아슬아슬하게 노루를 비껴갔습니다. 노루가 흠칫 놀라자 아르테미스는 또 하나의 화살을 쏘았습니다.

날아간 화살이 슝 하며 노루 앞 땅에 꽂히자 노루는 나아가지 못하고 멈칫했습니다. 그때 어디선가 올가미가 날아들더니 노루의 네 발을 꽁꽁 묶었습니다.

노루는 옴짝달싹 못하고는 그대로 쓰러졌습니다.

아르테미스가 노루에게 다가가는데, 어떤 남자도 다가왔습니다. 바로 올가미를 던진 사내였습니다.

"솜씨가 대단하군요. 올가미를 던져 이렇게 빠른 노루를 잡다니. 당신은 누구죠?"

아르테미스는 사내를 바라보았습니다. 키가 훌쩍 크고 근육이 단단해 뵈는 사내도 아르테미스를 바라보았습니다.

"아르테미스 님이군요. 역시 사냥 실력이 대단하십니다. 전 오리온이라고 합니다."

오리온은 바다의 신 포세이돈의 아들이었습니다. 그는 몸집이 매우 큰 거인으로 무척 잘생기고 힘이 센 사냥꾼이었습니다.

사람들은 물론 숲속 님프들 사이에서도 오리온의 인기는 하늘을 찔렀습니다. 하지만 남자에게 관심이 없는 아르테미스는 오리온에 대해 몰랐습니다.

그렇지만 아르테미스 역시 처음 보는 오리온에게 호감을 느꼈습니다.

'어쩜 이렇게 사냥 실력도 뛰어나고 잘생기기까지. 이런 남자는 처음이야.'

그날 밤, 아르테미스는 숲속의 비밀 장소에서 님프들과 함께 목욕을 즐겼습니다. 하지만 평소와 달리 오리온 생각이 나서 머리가 어지러웠습니다. 자존심이 상했지만 꾹 참고 님프들에게 말을 꺼냈습니다.

"혹시 말이다. 너희, 오리온이라고 아니?"

그러자 님프들이 너도나도 입을 열었습니다.

"오리온 님이라고요? 물론 알지요. 이 숲에서 오리온 님을 모르는 님프는 없을 거예요!"

"용맹스럽기 그지없고요, 얼마나 온화하고 자상한지 몰라요."

"게다가 불끈불끈 솟은 근육은 얼마나 멋진데요! 힘도 무척 세다고 들었어요!"

한참을 떠들던 님프들은 한꺼번에 아르테미스를 쳐다보았습니다.

"아르테미스 님, 그런데 오리온 님은 왜요?"

아르테미스는 그만 얼굴이 붉어졌습니다. 왠지 모르게 부끄럽고 가슴이 뛰었습니다. 아르테미스는 슬그머니 말꼬리를 흐렸습니다.

"아, 아니다. 오늘 사냥하다가 우연히 만났을 뿐이야. 그뿐이지."

아르테미스는 어색한 미소를 지으며 공연히 샘물을 퍼서 어깨에 끼얹었습니다.

아르테미스가 숲에서 지내는 시간이 많아지며 오리온을 만날 기회가 늘어났습니다. 둘은 가까워져서 아르테미스는 점점 오리온을 찾게 되었습니다. 오리온도 아르테미스가 보고 싶은 건 마찬가지였습니다. 차갑고 도도하기로 소문난 아르테미스 여신이지만, 소문과 달리 미소가 따뜻했습니다. 게다가 무엇이든 쏘아 맞히는 활 솜씨는 오리온의 마음을 사로잡았습니다.

둘은 이제 늘 함께 사냥을 했습니다.

'이게 남들이 다 한다는 사랑이란 것인가?'

아르테미스는 기분이 이상해진 것을 느꼈습니다.

거인 사냥꾼 오리온

아르테미스가 구름 위에서 누군가를 내려다보고 있어요. 어깨 위에 누군가를 태우고 걸어가는 거인이 바로 오리온이지요. 오리온의 오른손에는 활이 들려 있어요. 오리온도 활을 잘 쏘는 뛰어난 사냥꾼이어서 아르테미스와 가까워질 수 있었답니다.

〈아르테미스와 오리온〉 니콜라 푸생

그날 밤 목욕을 하러 샘터에 모인 님프들은 깜짝 놀랐습니다. 돌벽에는 하늘하늘한 드레스가 걸려 있었습니다.

"어머, 이 드레스는 뭐지? 설마 아르테미스 님이 가져다 놓은 건가?"

"아르테미스 님, 웬일로 드레스를 입으시려 해요?"

님프들은 눈을 동그랗게 뜨며 고개를 갸우뚱했습니다. 아르테미스는 평소에 사냥복만 입었고, 하늘거리는 드레스나 치렁치렁한 치마를 거추장스러워했습니다.

"호들갑 그만 떨어라. 내가 입으면 안 될 옷이라도 되느냐?"

아르테미스가 부끄러워하며 말했습니다. 님프들은 키득키득 웃으며 소곤거렸습니다.

"아르테미스 님이 정말 오리온 님을 사랑하시나 봐."

"맞아. 드레스 입은 모습을 봐."

아르테미스는 드레스를 차려입고 숲으로 나갔습니다. 멀리서 오리온이 다가왔습니다.

"오, 아르테미스 님! 오래 기다리셨나요?"

"아니에요. 지금 막 도착한걸요."

"오늘따라 아르테미스 님이 무척 아름다워요. 드레스가 참 잘 어울리는군요."

　　오리온이 활짝 웃으며 칭찬하자, 아르테미스의 얼굴이 발그레 달아올랐습니다.
　　"이런 옷을 입은 제 모습이 어색하지 않나요?"
　　"무슨 말이에요. 당신의 아름다움은 어떤 옷을 입어도 변함이 없어요."
　　오리온은 늘 당당하고 아름다운 아르테미스가 사랑스러웠습니다.
　　아르테미스 역시 시간이 흐를수록 오리온을 향한 마음이 사랑임을 느끼게 되었습니다.

"오리온! 우리 오늘은 어디로 사냥하러 갈까요?"

"저 산등성이 너머 울창한 숲으로 가면 어떨까요? 그곳에는 사냥감이 많을 거예요."

"좋아요, 가 봐요."

아르테미스가 방긋 웃었습니다. 오리온도 환한 미소를 지으며 푸른 언덕을 달려갔습니다.

이렇게 둘은 들판과 숲속을 마음껏 뛰어다니며 시간 가는 줄 모르

고 사냥했습니다. 어느새 해가 뉘엿뉘엿 지고, 어둠이 깔렸습니다. 사냥하느라 지친 아르테미스와 오리온은 언덕 위에 앉아 시원한 바람을 쐬었습니다.

　아르테미스는 오리온의 피로를 풀어 주고 싶었습니다. 그래서 은빛 구두를 신고 드레스를 휘날리며 사뿐사뿐 춤을 추었습니다. 오리온은 그 모습을 지그시 바라보며 눈을 반짝였습니다.

　둘의 사랑은 누구도 말릴 수 없을 만큼 깊어졌습니다.

　　아르테미스와 오리온이 함께 지내는 시간이 많아지면서 사람들의 눈에도 띄었습니다. 그러자 아르테미스와 오리온이 결혼할 것이라는 소문이 나돌았습니다.
　　"아르테미스 님과 거인 오리온이 함께 만나는 거 봤어?"
　　"암, 봤지. 정말 다정해 보이던데?"
　　"이러다가 둘이 결혼하는 거 아냐?"
　　사람들은 모이기만 하면 아르테미스와 오리온 이야기로 수군거렸습니다.

이 소문은 올림포스까지 전해졌습니다. 올림포스의 신들은 모두 놀랐습니다.

"허허, 내 딸 아르테미스가 결혼한다고 나설 줄이야. 정말 신기하구나!"

제우스가 껄껄 웃었습니다.

아르테미스의 쌍둥이 남매 아폴론도 이 소문을 들었습니다. 하지만 아폴론은 펄쩍 뛰었습니다.

"그게 정말인가? 내 누이가 인간 따위인 오리온과 사랑을 나누고 그것도 모자라 결혼을 한다고? 정말?"

다른 신들은 아폴론에게 그간 보고 들은 것을 낱낱이 말해 주었습니다.

"그래, 아폴론. 어제도 둘이서 다정히 사냥을 하던데? 사냥뿐이겠어? 요새는 아주 온종일 붙어 다닌다고."

아폴론은 이를 바드득 갈았습니다.

"오리온 이 녀석……."

아폴론이 이렇게 화를 내는 데에는 이유가 있었습니다. 아폴론은 오리온이 처음부터 마음에 들지 않았습니다. 오리온이 한때 다른 여인을 사랑한 사실을 알기 때문이었습니다.

그 여인은 키오스섬의 왕인 오이노피온의 딸 메로페였습니다.

오리온은 메로페 공주와 결혼하려는 것을 왕이 승낙하지 않자, 억지로 공주를 차지하려 했습니다. 화가 난 오이노피온 왕은 오리온을 술에 취하게 한 뒤 두 눈을 칼로 찔렀습니다.

그 뒤로 앞을 못 보고 방황하던 것을 아폴론이 가엾게 여겨, 다시 볼 수 있게 만들어 준 것입니다.

아폴론은 오리온을 떠올리며 생각에 잠겼습니다.

'오리온이 아르테미스와 결혼하는 것을 결코 허락할 수 없어.'

"당장 아르테미스를 불러오너라!"

아폴론이 신하에게 말했습니다. 얼마 뒤, 아르테미스가 나타났습니다.

"아르테미스! 소문 다 들었다. 대체 오리온과 어떤 사이기에 그런 이상한 소문이 도는 것이냐!"

"그런 말은 하지 마. 이상한 소문이라니. 나는 오리온을 사랑해. 오리온도 나를 사랑하고."

"뭐라고? 아르테미스, 너는 순결의 여신이다. 그런데 한낱 인간인 오리온에게 마음을 빼앗기다니 그게 말이 되느냐?"

"아폴론, 왜 오리온을 싫어해? 그처럼 듬직하고 따뜻한 사람도 없어. 아무리 말려도 내 대답은 똑같아. 오리온을 향한 내 사랑은 변치 않을 거야!"

아르테미스가 당당하게 외쳤습니다.

"이런, 그냥 두어선 안 되겠군."

아르테미스가 말을 듣지 않고 가 버리자, 아폴론은 오리온을 몰래 해치기로 마음먹었습니다. 며칠 후 아폴론은 거대한 전갈을 불렀습니다.

"곧장 오리온에게 가서 녀석의 발꿈치를 꽉 물어라. 더 이상 걷지 못하게 만들란 말이다!"

전갈은 바로 오리온에게 갔습니다. 거대한 전갈이 무시무시한 집게발과 꼬리를 들고 다가오자 오리온은 깜짝 놀랐습니다. 얼른 화살을 꺼내 쏘면서 전갈과 맞섰습니다.

"이 전갈은 도대체 어디서 나타난 거지?"

전갈과 싸우던 오리온은 바다로 뛰어들었습니다. 이윽고 바다에서 전갈과 오리온의 한바탕 싸움이 벌어졌습니다. 둘은 점점 더 먼바다로 나아갔습니다.

바다 먼 곳에서 거대한 전갈과 싸우고 있는 오리온의 모습을 지켜보던 아폴론이 뜻 모를 미소를 지었습니다.
'그래! 바로 이때야.'
아폴론은 속으로 쾌재를 부르며 곧장 아르테미스를 바닷가로 불렀습니다.

"아폴론, 또 무슨 일이야? 나를 설득하려는 거라면 난 더 이상……."

"아니다, 아르테미스. 오늘은 오랜만에 네 활 솜씨를 보고 싶어서 부른 거야. 저 멀리 바다를 봐. 바다 위를 떠다니는 작은 점이 보여?"

"응, 보여."

"그렇다면 이 자리에서 네 활 솜씨가 얼마나 뛰어난지 보여 줘. 내가 생각하기에는 네가 아무리 활을 잘 쏜다 해도 저 작은 점은 맞히기 어려울 것 같은데."

아폴론은 아르테미스의 자존심을 슬쩍 건드렸습니다.

"아폴론! 무슨 말이야? 내가 저것 하나 맞히지 못한다면 사냥의 여신이라 할 수 있겠어?"

아르테미스는 바다 위의 작은 점을 뚫어지게 바라보았습니다.

"그런데 저게 뭐지?"

"왜 그래. 큰소리는 쳤지만 영 자신이 없나 보구나."

"아폴론, 나를 몰라도 너무 모르는구나. 좋아. 그럼, 나랑 약속해. 만일 저 점을 한 번에 맞힌다면 내 활 솜씨가 더 뛰어나다는 것을 인정하는 거야."

"아, 그야 물론이지."

아폴론의 대답이 끝나기 무섭게 아르테미스는 화살집에서 가장 튼튼한 화살을 꺼냈습니다. 그러고는 바다 위의 점을 겨냥하며 활시위를 당겼습니다.

피유웅!

화살은 바람처럼 날아가 작은 점에 꽂혔습니다. 그 순간, 조금 전까지 움직이던 작은 표적이 바닷속으로 들어갔습니다.

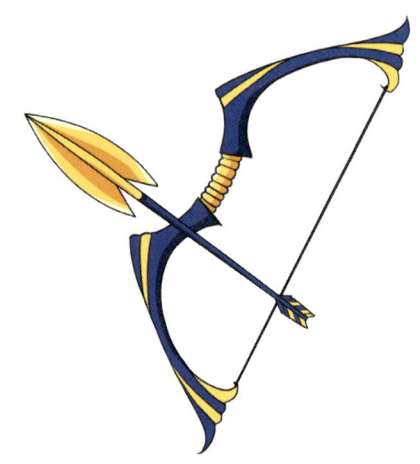

아르테미스의 죽음의 화살

아르테미스는 사냥의 신, 달의 신일 뿐만 아니라 처녀의 수호신이자 출산의 신, 아이들을 보호하는 신이었어요. 특히 아기를 낳을 때 겪는 고통을 없애는 능력을 지녔답니다. 그래서 고대 그리스 사람들은 아기를 낳다가 죽는 여인들은 아르테미스의 화살에 맞아 죽은 것이라고 믿었어요. 또 아르테미스의 화살은 순식간에 날아와 고통 없이 목숨을 앗아 간다고 여겼어요. 그래서 갑자기 죽음을 맞는 사람들도 그녀의 화살을 맞았다고 생각했답니다.

"자, 아폴론, 똑똑히 봤지?"

아르테미스가 기쁨에 젖어 말했습니다.

"그래, 잘 보았다. 역시 활 솜씨가 대단하구나. 내가 얕잡아 봐서 미안하다."

아폴론은 뜻 모를 미소를 지었습니다.

얼마 뒤 무엇인가가 파도에 떠밀려 바닷가에 닿았습니다.

"저게 대체 뭐지?"

아르테미스는 고개를 갸웃거리며 다가갔습니다.

그런데 이게 어찌된 일일까요? 파도에 밀려온 것은 오리온이었습니다. 오리온의 가슴에는 아르테미스가 쏜 화살이 꽂혀 있었습니다.

"으아악! 오리온!"

아르테미스는 비명을 내지르며 주저앉았습니다.

"이럴 수가! 내가 쏜 화살에 오리온이 맞다니!"

아르테미스는 오리온을 부둥켜안고 눈물을 쏟아냈습니다.

"오리온! 오리온! 눈 좀 떠 봐요, 네?"

하지만 때는 늦었습니다. 오리온은 숨이 멎었습니다. 아르테미스는 슬픔에 젖어 울부짖었습니다.

"아폴론! 왜 이런 끔찍한 일을 벌였어? 내가 사랑하는 사람을 왜 내 손으로 죽이게 했어? 왜, 왜!"

아르테미스는 바닷가를 떠나지 않고 통곡했습니다. 님프들이 안타까워하며 아르테미스의 곁을 지켰습니다. 하지만 그 누구도 아르테미스의 슬픔을 덜어 주지는 못했습니다.

보다 못한 님프들은 제우스에게 달려갔습니다. 이야기를 들은 제우스는 곧바로 아르테미스가 있는 바닷가로 갔습니다.

"아르테미스, 이제 그만 눈물을 거두어라."

"아, 아버지. 제 손으로 사랑하는 사람을 죽였어요. 가슴이 찢어질 것 같아요."

"얘야, 이미 엎질러진 물이란다. 그러니 더 이상 괴로워하지 마라."

"아버지, 간절히 부탁드려요. 제발 오리온을 살려 주세요."

"아르테미스, 그건 안 된다. 너도 알지 않느냐. 이미 쏜 화살을 되돌릴 수 없는 것처럼 오리온의 죽음도 되돌릴 수 없단다. 이제 눈물을 닦고 올림포스로 가자꾸나."

아르테미스는 돌이킬 수 없는 슬픔에 목이 메었습니다.

"아버지, 그렇다면 제 소원 하나만 들어주세요."

"그래, 네 소원이 무엇이냐?"

"죽은 오리온을 언제나 볼 수 있도록 밤하늘의 별로 만들어 주세요."

　제우스는 사랑하는 딸 아르테미스의 간절한 부탁을 거절할 수 없었습니다.
　"그래, 너의 소원을 들어주마. 오리온을 별로 만들어 주겠다."
　제우스는 오리온을 향해 팔을 뻗었습니다. 두 손에서 눈부신 빛이 뿜어져 나왔습니다. 그 빛은 거인 오리온을 가뿐하게 들어 올려 높은 밤하늘로 옮겼습니다.
　마침내 오리온은 캄캄한 밤하늘에서 크고 밝게 빛나는 별이 되었습니다. 오리온은 사자 털가죽을 몸에 두르고 몽둥이를 든 거인의 모습으로 아름답게 반짝였습니다.

"아버지, 정말 고맙습니다."

아르테미스는 오리온 별을 보면서 흐르는 눈물을 닦았습니다.

그 후, 아르테미스는 오리온이 밤하늘에 홀로 있는 것이 마음에 걸렸습니다. 그래서 오리온이 키우던 사냥개들을 오리온 곁에 올려놓아 오리온을 따르도록 해 주었습니다.

아르테미스는 사랑하는 오리온이 보고 싶을 때마다 밤하늘을 올려다보며 눈물을 훔치곤 했답니다.

오리온 별자리

오리온 별자리는 눈으로도 볼 수 있을 만큼 매우 밝은 빛을 내는 별이에요. 오리온자리는 겨울에 볼 수 있는 대표적인 별자리랍니다. 오리온자리 주변에는 전갈자리와 큰개자리, 작은개자리가 있어요. 전갈은 오리온을 해치려 했던 존재, 큰 개와 작은 개는 오리온이 기르던 사냥개라는 이야기가 있답니다.

아르테미스의 슬픈 사랑

　아르테미스가 아무리 쌀쌀맞고 매정했다고 해도 그녀 역시 사랑을 피해 갈 수는 없었습니다. 아르테미스가 사랑한 사람으로 양치기 엔디미온과 거인 오리온이 있습니다.

　둘 다 슬프고 안타까운 사랑이었지요.

　그중에 오리온은 바다의 신 포세이돈의 아들이었습니다. 솜씨 좋은 사냥꾼 오리온은 금세 아르테미스와 가까워졌습니다. 늘 당당하던 아르테미스도 오리온 앞에서만큼은 부끄러움을 타는 여신이 되었습니다.

　하지만 이를 안 아폴론은 오리온을 못마땅하게 여겨 둘 사이를 갈라놓을 계획을 짭니다. 먼바다에 떠 있는 오리온이 점처럼 작게 보이자, 아르테미스를 불러 활쏘기를 시험한 것이지요.

　누구에게도 지기 싫어하고 자존심이 강했던 아르테미스는 바다 위에 보이는 점을 맞힐 수 없을 거라는 아폴론의 말에 발끈합니다. 그러고는 자신 있게 활시위를 당깁니다. 화살은 날아가서 바다 위의 작은 점을 맞히고, 오리온은 그 화살에 목숨을 잃습니다.

　아르테미스는 바닷가로 떠밀려서 온 오리온을 보고 나서야 자신이 화살을 쏘아 맞힌 것이 사랑하는 오리온임을 알게 되지요. 그녀는 가슴이 찢어질 듯한 슬픔에 하염없이 눈물을 흘리고, 제우스에게 부탁해 오리온을 밤하늘의 별자리가 되게 합니다.

　악타이온을 잔인하게 벌했던 아르테미스는 자신 또한 용서와 너그러움을 모르는 아폴론 때문에 상처를 받게 된 것입니다.

　사실, 아르테미스의 지나친 자존심이 오리온을 죽음으로 몰고 갔다고 볼 수도 있습니다. 지기 싫어하는 성격 때문에 아폴론의 꾀에 걸려들었으니까요.

　그리스 로마 신화 속에는 자만심 때문에 신의 분노를 사 벌을 받은 인간들이 많이 나옵니다. 신도 예외가 아니었나 봅니다.

3장
지하 세계로 끌려간 페르세포네

　제우스의 아버지 크로노스에게는 고민이 하나 있었습니다. 자신이 낳은 아이가 아버지를 무찌르고 왕이 될 것이라는 예언 때문이었지요. 두려움에 떨던 크로노스는 아이들이 태어날 때마다 곧바로 삼켜 버렸습니다.

　크로노스의 부인 레아는 아이들이 아버지의 배 속에서 갇혀 자라는 게 가여웠습니다. 그래서 제우스를 낳았을 때에는 아이 대신 돌덩이를 포대기에 싸서 크로노스에게 건네주었습니다. 크로노스는 아무 것도 모른 채 돌덩이를 삼켰습니다.

덕분에 무사히 자라난 제우스는 크로노스를 찾아가 배 속의 형제들을 모두 토해 내게 했습니다. 제우스와 형제들은 힘을 합쳐 크로노스와 크로노스의 형제들을 무찔렀습니다.

그러고 나서 그들은 세계를 나누어 다스리기로 했습니다. 하늘은 제우스가, 바다는 포세이돈이, 지하 세계는 하데스가 맡아 다스리게 된 것이지요.

하지만 제우스에게 불만을 품은 자들이 있었습니다. 바로 성질이 사납고 힘이 센 거인족 기간테스였습니다.

"흥, 하늘과 바다, 지하 세계를 멋대로 나눠 가졌단 말이지?"

"건방진 것들 같으니라고! 형제들이여, 올림포스로 쳐들어가자!"

이렇게 해서 올림포스의 신들은 거인족과 한바탕 전쟁을 벌이게 되었습니다. 아테나는 갑옷과 방패로 무장하고 제우스와 함께 벼락을 던졌습니다. 제우스의 아들 헤라클레스도 거인들을 무찌르는 일을 도왔습니다. 술의 신 디오니소스는 지팡이를 휘둘러 거인들을 쓰러뜨렸습니다.

거인족들은 하늘 높이 솟은 올림포스를 공격하려고 오사산 위에 펠리온산을 쌓기 시작했습니다. 그것을 본 제우스는 펠리온산을 무너뜨리기로 마음먹었습니다.

기간테스와 신들의 싸움

가이아는 자식인 크로노스와 티탄족을 무찌른 제우스에게 복수하기 위해 기간테스를 낳았다고 해요. 결국 기간테스는 올림포스의 신들을 상대로 전쟁을 벌여요. 기간테스와 신들 간의 전쟁을 '기간토마키아'라고 부르는데, 많은 미술 작품의 주제로 등장한답니다. 거대한 몸집의 기간테스들과 올림포스의 주요 신들이 죄다 맞붙어 싸웠던 기간토마키아는 올림포스의 큰 사건이었어요.

"괘씸한 놈들. 신들에게 혼이 나야 정신을 차리겠군."

제우스는 펠리온산을 향해 거대한 벼락을 던졌습니다. 벼락은 펠리온산을 무너뜨렸고, 거인족들은 모조리 산 아래에 파묻히고 말았습니다.

"드디어 올림포스에 진정한 평화가 찾아왔다!"

올림포스의 열두 신은 한시름을 놓았습니다.

한편 산과 바위 밑에 깔린 거인족은 불편하기 짝이 없었습니다.

"으, 너무 무거워!"

거인족이 괴로움에 몸을 뒤척이자, 땅이 몹시 흔들렸습니다.

"푸후후후후후후……."

거인족이 토해낸 한숨은 뜨거운 불기둥이 되어 산을 뚫고 나왔고, 그때마다 큰 소리와 함께 온 땅이 심하게 요동쳤습니다.

그 뒤로 사람들은 지진으로 땅이 흔들리거나 화산이 폭발하면, 거인족인 기간테스들이 몸부림을 쳐서 그런 것이라고 생각하게 되었습니다.

"우앗! 깜짝이야."

하데스는 침대에서 벌떡 일어났습니다. 조용하던 지하 세계가 또 시끄러운 소리와 함께 들썩이기 시작했기 때문입니다.

산 아래에 깔린 거인족이 몸을 뒤척일 때면 지하 세계를 다스리는 하데스는 걱정이 이만저만이 아니었습니다.

"거인 녀석들, 정말 골칫덩어리군. 땅이라도 무너져 내려 지하 세계까지 피해를 입으면 어쩌려고……."

하데스는 크로노스와 레아의 사이에서 태어났으며, 아들 중에서는 첫째로, 크로노스의 배 속에 들어갔다가 토해졌습니다. 그래서 제우스에게는 형인 동시에 동생이기도 하지요. 하데스는 머리와 수염을 덥수룩하게 길러 얼핏 보면 굉장히 무시무시해 보였습니다.

지하 세계의 왕 하데스

하데스는 지하 세계, 즉 저승인 타르타로스를 다스리는 신이에요. 죽음을 다스리는 신이다 보니, 사람들은 물론 신들도 하데스의 눈 밖에 날까 봐 그의 이름을 입 밖에 잘 꺼내지 않았다고 해요. 그래서 하데스라는 이름 대신 〈부유한 자〉라는 뜻인 '플루톤'이라는 별명으로 주로 불렸답니다.

〈하데스〉 작가 미상

하데스는 빛이 들지 않는 지하 세계를 좋아해서 땅 위로는 잘 올라가지 않았습니다. 그런데 이따금 거인들이 큰 소리를 낼 때면 상황이 어떻게 돼 가는지 보려고 땅 위로 올라가곤 했습니다.

"아무래도 불안해서 안 되겠군. 위에서 무슨 일이 벌어지는지 내 눈으로 확인하고 와야겠어."

거인족 때문에 잠이 깬 하데스는 오랜만에 땅 위로 올라가 봐야겠다고 생각했습니다.

한편 땅 위의 엔나 골짜기에서는 페르세포네의 웃음소리가 울려 퍼지고 있었습니다. 페르세포네는 대지와 농업의 여신인 데메테르의 딸로 무척 아름다운 처녀였습니다. 페르세포네는 님프들과 함께 종종 엔나 골짜기를 찾아왔습니다. 엔나 골짜기는 꽃들이 잔뜩 피어 있어서 페르세포네가 무척 좋아하는 곳이었습니다.

아름다운 여인, 페르세포네

데메테르의 아름다운 딸 페르세포네를 그린 그림이에요. 신화 속에는 아름다운 외모 때문에 다른 여신이나 사람들로부터 시기와 질투를 받는 여인들이 등장하지요. 사랑스럽고 아리따운 페르세포네 또한 미의 여신 아프로디테의 질투를 사게 되지요. 예나 지금이나 아름다운 외모를 갖고 싶어 하는 여인들의 마음은 똑같답니다.

〈페르세포네의 정원에서〉 헨리 페인

"어머, 예뻐라. 이 꽃을 어머니께 갖다 드리면 좋아하시겠는걸."

페르세포네는 님프들과 함께 꽃을 꺾어 바구니에 담았습니다.

그런데 이 모습을 곱지 않은 눈길로 지켜보는 여신이 있었으니, 바로 아프로디테였습니다.

'저 여인이 페르세포네란 말이지.'

아프로디테는 평소 데메테르가 딸 페르세포네 자랑을 늘어놓는 것이 영 못마땅했습니다.

"내 딸 페르세포네는 이 세상 그 누구보다 아름다워."

"맞아요, 데메테르 님. 페르세포네보다 아름다운 여인은 그 어디에도 없을 거예요."

다른 신들도 데메테르의 말에 맞장구를 쳤습니다.

아프로디테는 아름다움의 여신인 자기를 제쳐 두고 페르세포네의 아름다움을 칭찬하는 소리가 듣기 싫었습니다.

"데메테르, 페르세포네가 아무리 아름다워도 결국은 결혼을 하고, 누군가의 아내가 될 거야. 그럼 그 아름다움도 시들겠지."

아프로디테의 말에 데메테르는 버럭 소리를 질렀습니다.

"무슨 소리! 내 딸은 아무하고도 결혼 안 해. 영원히 처녀로 남아 그 아름다움을 간직하도록 내가 보호할 테니까."

'데메테르, 네 말대로 될지 어디 두고 보자고.'
　아프로디테는 뜻 모를 미소를 지으며, 엔나 골짜기에서 즐겁게 놀고 있는 페르세포네를 지그시 바라보았습니다.

얼마 뒤, 아프로디테는 하데스가 땅 위로 올라오는 모습을 보았습니다.

"아니, 저게 누구야, 지하 세계 신 하데스 아니야?"

아프로디테가 뜻밖이라는 듯 말했습니다. 그러자 아프로디테 곁에 있던 아들 에로스가 하데스를 가리키며 말했습니다.

"저 신이 하데스라고요? 듣던 대로 정말 무시무시하군요. 온통 검은 털로 뒤덮인 저 얼굴 좀 보세요."

"그래. 같은 신이지만 나도 저자를 보면 온몸에 소름이 돋는단다. 지하에만 틀어박혀서 통 나오지 않더니 오늘은 어쩐 일이지? 게다가 투구조차 안 쓰고 나왔구나."

하데스는 땅 위로 올라올 때면 항상 커다란 투구를 썼습니다.
 투구를 쓰면 인간은 물론 신들도 하데스의 모습을 볼 수가 없었지요. 하지만 이날도 산 아래에 깔린 거인족이 몸을 뒤척이는 바람에 서둘러 땅 위 사정을 살피러 올라오느라 하데스는 투구 쓰는 것을 깜박 잊고 말았습니다. 그래서 아프로디테의 눈에 금방 띄었던 것입니다.
 머릿속에서 무언가를 상상하던 아프로디테가 말했습니다.

"에로스! 마침 좋은 생각이 났다. 건방진 데메테르의 딸 페르세포네와 음침한 지하의 신 하데스, 그 둘을 맺어 주는 게 어떻겠니?"

"예? 페르세포네와 하데스를요?"

에로스는 깜짝 놀라며 아프로디테를 쳐다보았습니다.

"그래, 생각보다 아주 잘 어울릴 거야. 에로스, 네 화살로 이 엄마를 기쁘게 해 주렴. 너라면 그 둘을 맺어 줄 수 있겠지?"

아프로디테의 말이라면 무엇이든 따르는 에로스는 활을 들었습니다.

"에로스, 하데스가 눈치채지 못하게 잘 맞혀야 해."

에로스는 활시위를 당겼습니다. 에로스가 쏜 화살은 바람을 가르며 하데스를 향해 날아갔습니다.

놀라운 힘을 가진 에로스의 화살

에로스는 장난치는 걸 무척 좋아하는 신이에요. 에로스는 항상 활과 화살을 가지고 다녔는데, 사랑을 품게 하는 황금 화살과 미움을 품게 하는 납 화살 두 가지가 있었어요. 에로스는 그 화살을 맞은 사람의 마음에 사랑이나 미움을 불러일으킬 수 있었지요. 한번은 에로스의 어머니 아프로디테가 에로스와 놀다가 황금 화살에 가슴을 찔립니다. 그 결과 아프로디테는 아도니스라는 청년을 보고 사랑에 빠지지요. 안타깝게도 아도니스의 죽음으로 사랑은 이루어지지 못했지만, 에로스의 화살은 사랑의 여신 아프로디테마저도 사랑의 열병을 앓게 만들었답니다.

"아얏!"

하데스는 갑자기 가슴이 따끔한 것을 느끼고는 외쳤습니다. 에로스가 쏜 화살이 정확하게 하데스의 심장에 꽂힌 것이었습니다.

"뭐, 뭐야. 왜 이렇게 가슴이 두근거리지? 갑자기 열도 나는 것 같고, 가슴이 온통 뜨거워."

하데스는 평소에 느껴보지 못한 이상한 기분에 당황스러웠습니다.

"왠지 기분이 이상하군. 얼른 땅 위를 돌아보고 지하로 돌아가야겠다."

하데스는 서둘러 걷기 시작했습니다.

"잘했어, 에로스! 역시 내 아들이야. 자, 이제 하데스가 가는 길을 지켜보기만 하면 되겠지?"

아프로디테는 재미있어 죽겠다는 표정으로 눈빛을 반짝였습니다.

하지만 에로스는 조금 걱정스러운 눈길로 하데스를 바라보았습니다.

마침내 하데스가 엔나 골짜기에 들어섰습니다. 울창한 숲을 지나 오솔길로 접어들려고 할 때였습니다. 갑자기 하데스의 눈앞에 하얀 백합을 꺾어 들고 환하게 웃고 있는 페르세포네가 나타났습니다. 페르세포네를 보는 순간 하데스는 마치 벼락이라도 맞은 것처럼 그 자리에서 꼼짝도 할 수 없었습니다. 하데스의 심장은 빠르게 쿵쾅거리기 시작했습니다.

'저렇게 아름다운 여인이 이 세상에 있다니! 저 여인 없이는 이제 단 하루도 살 수 없을 것 같다!'

하데스는 페르세포네를 지키던 님프들이 잠시 자리를 비운 틈을 타 페르세포네에게 다가갔습니다. 페르세포네는 자신을 향해 다가오는 하데스를 순진한 얼굴로 바라보았습니다.

페르세포네는 갑자기 나타난 험상궂은 사내에게 물었습니다.

"누, 누구세요?"

그러나 하데스는 호기심을 가지고 물어보는 페르세포네를 보자 더욱 심장이 뛰었습니다.

"나는 지하 세계의 왕 하데스요. 나와 함께 지하 세계 구경을 가지 않겠소?"

하데스는 최대한 다정한 목소리로 말했습니다. 페르세포네는 약간 겁이 났지만 여전히 아무런 의심이 없었습니다.

"지하 세계요? 하지만 어머니께서 제가 잠시라도 없어진 걸 알면 걱정하실 텐데요. 전 그만 가 보는 게 좋을 거 같아요."

고민하던 페르세포네가 돌아서자 하데스가 페르세포네의 허리를 감싸 안았습니다.

"어머, 왜, 왜 이러세요?"

"페르세포네, 난 당신이 없으면 오늘부터 단 하루도 살 수가 없소."
"예?"
페르세포네의 눈이 커다래지더니 이내 얼굴이 붉어졌습니다.
"하지만……. 그건 제 어머니도 마찬가지인걸요."
"그럼 잠시만 날 따라오시오. 지하 세계를 잠깐 구경만 하고 가면 되지 않겠소."

하데스는 그길로 영영 페르세포네를 데려갈 생각이었습니다.

그 사실을 알 길이 없는 페르세포네는 결국 하데스를 따라나서기로 했습니다.

'그래, 무서워 보이기는 해도 나빠 보이지는 않아. 잠깐 갔다가 금방 다시 오면 되지 뭐.'

하데스의 납치

에로스의 화살에 맞아 사랑에 눈이 먼 하데스는 무작정 페르세포네를 납치했어요. 왼쪽의 조각상을 자세히 들여다보면, 갑자기 나타난 하데스 때문에 두려워하는 페르세포네의 마음을 고스란히 느낄 수 있어요. 하데스 옆에는 머리 셋 달린 하데스의 충실 한 개, 케르베로스가 울부짖고 있어요.

〈페르세포네의 납치〉 조반니 로렌초 베르니니

이윽고 하데스와 페르세포네는 퀴아네강에 이르렀습니다. 퀴아네강은 한 번 건너면 다시는 지상으로 돌아올 수 없는 강이었습니다. 이 사실을 알 리 없는 페르세포네는 하데스와 나란히 섰습니다.

그런데 막상 강에 이르자 페르세포네가 두려움에 오들오들 떨었습니다.
어찌 된 일인지 깊고 넓게 흐르는 퀴아네강이 길을 열어 주지 않고 하데스의 앞을 가로막았습니다. 하데스는 퀴아네강을 향해 소리를 질렀습니다.
"감히 내 앞을 막아서느냐! 나는 지하 세계의 왕 하데스다! 제 아무리 신이라도 내 앞을 막아선다면 깊고 어두운 저승, 타르타로스에 떨어져 영영 돌아오지 못할 것이다!"

그러자 머뭇거리던 퀴아네강이 갈라지기 시작했습니다. 퀴아네강을 다스리는 신은 페르세포네를 붙잡고 싶었지만, 하데스의 앞을 끝까지 막을 수가 없었습니다. 그만큼 지하 세계의 왕 하데스는 강력하고 두려운 신이었던 것입니다. 페르세포네와 하데스가 퀴아네강으로 접어들려는 순간, 페르세포네의 머리 장식이 풀려 떨어졌습니다.

하데스는 더욱 세게 페르세포네를 붙잡았습니다.

페르세포네와 하데스는 퀴아네강을 건너 드디어 지하 세계로 가는 길목에 들어섰습니다.

지하 세계에 온 하데스는 페르세포네를 즐겁게 해 주고 싶었습니다. 페르세포네 이마에 머리 장식을 둘러 주고는 말했습니다.

"페르세포네. 주변을 둘러봐요. 신기하고 재미있는 일이 많은 곳이라오."

페르세포네는 지하 세계를 둘러보았습니다. 밝고 환한 땅 위의 세계와는 무척 달랐습니다.

"페르세포네. 여기는 나의 왕국이오. 무엇이든 내 말에 따라 굴러가는 세상이지."

하데스는 페르세포네의 마음을 풀어 주기 위해 계속 이야기를 건넸습니다.

"여기 처음 오는 자들은 모두 겁을 낸다오. 그러나 그것도 잠시뿐이오. 여기서 지내다 보면 얼마나 편하고 좋은지 알게 된다오. 자, 조금만 기다리시오. 귀여운 강아지가 우리를 반겨 줄 거요."

"강아지요?"

귀여운 강아지라는 말에 페르세포네가 솔깃했습니다.

그들은 지하 세계로 가는 여러 개의 강을 건너 드디어 하데스가 머무는 지하 궁전에 도착했습니다. 궁전을 바라보던 페르세포네는 소스라치게 놀랐습니다.

"꺄악! 괴물이야!"

그도 그럴 것이 궁전 앞에는 머리가 셋 달린 거대한 개가 이빨을 드러내고 있었습니다.

"케르베로스! 잘 있었느냐."

케르베로스는 낯선 페르세포네를 보고는 이빨을 내보이며 사납게 으르렁거렸습니다.

"케르베로스, 조용히 해. 이 궁전의 왕비님이 되실 분이란다. 공손하게 인사하렴."

"이 괴물이 바로 귀여운 강아지라는 말인가요?"

페르세포네가 하데스를 보며 물었습니다.

"페르세포네, 케르베로스는 말도 잘 듣고 귀여운 아이라오. 내 궁전을 지키고 서서 저승으로 들어오는 영혼들을 맞이하지. 단 내 허락 없이 나가려는 영혼은 절대 가만 두지 않소."

하데스의 충직한 신하 케르베로스

케르베로스는 하데스의 개로, 지하 세계를 지키면서 살아 있는 사람이 들어오지 못하도록 막는 괴물 중 하나예요. 특히 아무도 지하 세계를 빠져나가지 못하도록 철저하게 지킨답니다. 전체적으로는 개의 모습이지만, 머리는 세 개이고 꼬리는 뱀의 모습을 하고 있어요. 지하 세계의 입구에 묶여 있는 케르베로스는 힘이 세고 포악하기로 유명한 괴물 티폰의 아들로 오르트로스, 히드라와는 형제 사이예요.

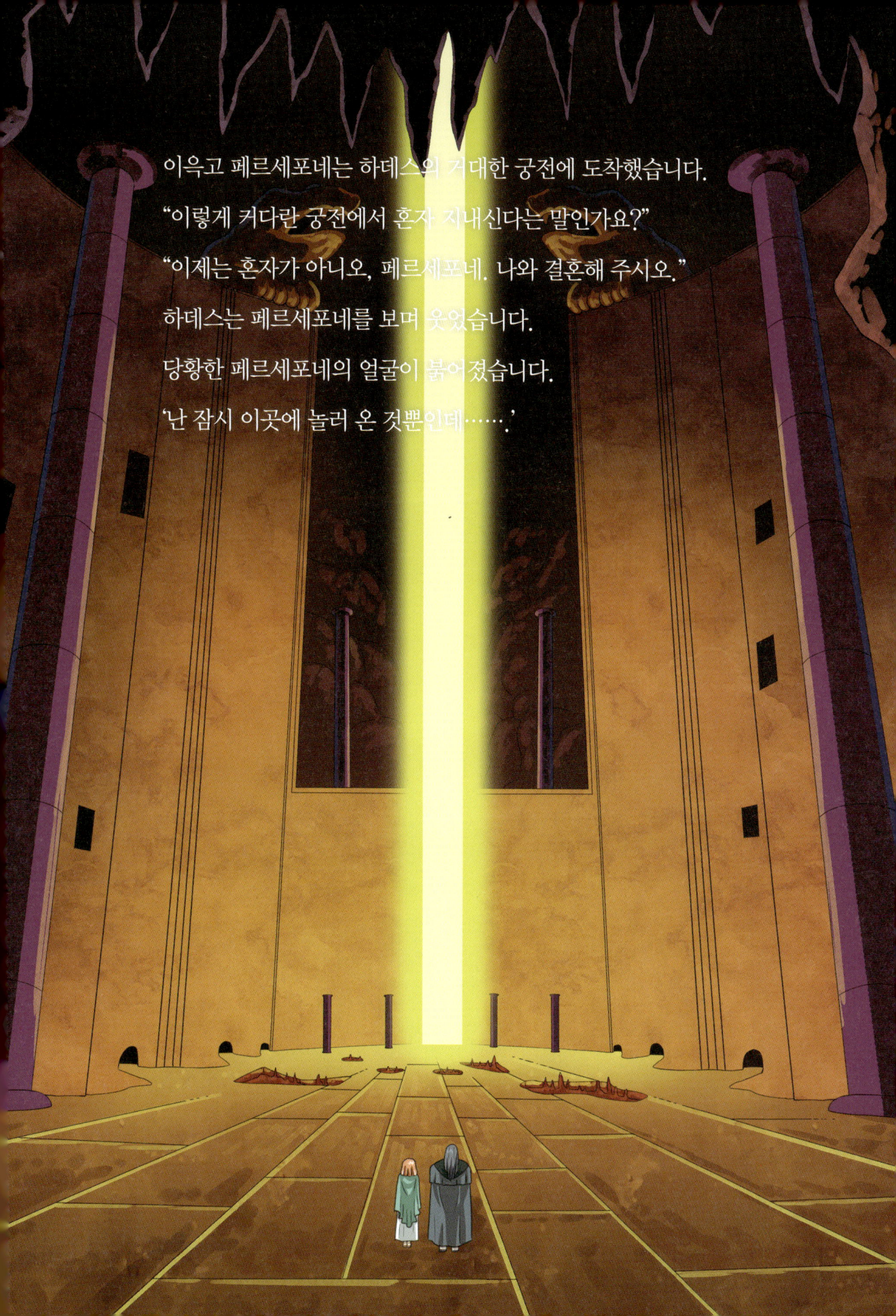

이윽고 페르세포네는 하데스의 거대한 궁전에 도착했습니다.
"이렇게 커다란 궁전에서 혼자 지내신다는 말인가요?"
"이제는 혼자가 아니오, 페르세포네. 나와 결혼해 주시오."
하데스는 페르세포네를 보며 웃었습니다.
당황한 페르세포네의 얼굴이 붉어졌습니다.
'난 잠시 이곳에 놀러 온 것뿐인데…….'

　한편 땅 위에서는 페르세포네의 어머니 데메테르가 딸을 찾아 이곳저곳을 헤매고 있었습니다.
"페르세포네! 페르세포네!"
　데메테르는 페르세포네가 즐겨 찾던 엔나 골짜기뿐만 아니라 온 세상을 샅샅이 뒤졌습니다. 새벽의 신 에오스가 밤하늘을 밝힐 때에도 페르세포네를 찾는 데메테르의 모습이 보였습니다. 저녁 별 헤스페로스가 별들을 데리고 하늘에 나타날 때에도 데메테르는 페르세포네를 찾아다녔습니다. 그러나 그 어디에서도 페르세포네의 모습은 보이지 않았습니다. 딸을 찾는 데메테르의 구슬픈 목소리가 온 세상에 울려 퍼졌습니다.

"페르세포네, 사랑하는 내 딸아, 대답 좀 해 보거라!"

온 세상을 뒤지느라 지칠 대로 지친 데메테르는 길바닥에 주저앉았습니다. 뜨거운 태양이 내리쬐고, 거센 바람이 불었습니다. 어두운 밤이 되었다가 다시 새벽이 찾아왔습니다. 하지만 데메테르는 바닥에 주저앉아 바위처럼 꿈쩍도 하지 않았습니다.

먹지도, 마시지도, 말을 하지도, 잠을 자지도 않았습니다. 그저 살을 도려내는 것 같은 아픔에 정신을 잃고 죽은 듯이 지냈습니다.

'페르세포네야, 도대체 어디에 있느냐. 아, 살았는지 죽었는지 그것만이라도 알 수 있다면…….'

어느덧 아흐레가 지났습니다. 데메테르는 불현듯 정신을 차렸습니다.

'내가 이러고 있을 때가 아니지. 기운을 내서 내 딸을 찾고야 말겠다. 무슨 일이 있어도 페르세포네를 찾아내고 말 테야.'

데메테르는 두 주먹을 불끈 쥐고 사랑하는 딸을 찾으러 다시 길을 떠났습니다.

데메테르는 온 세상을 헤맸습니다. 바다를 헤치고, 강을 건너고, 이 땅 저 땅을 둘러보았습니다. 그 어디에서도 페르세포네의 모습은 찾아볼 수 없었습니다. 이윽고 데메테르는 처음 길을 떠났던 지점으로 되돌아오게 되었습니다.

데메테르는 퀴아네강 부근에 이르렀습니다. 그곳은 하데스가 페르세포네를 데리고 지하 세계로 내려간 곳이었습니다.

지하 세계로 끌려간 페르세포네

인간에게는 풀리지 않는 커다란 수수께끼 두 가지가 있습니다. 하나는 이 세계가 어떻게 만들어졌는가, 또 하나는 죽은 뒤의 세계는 과연 어떤 곳인가 하는 점입니다. 세계가 어떻게 만들어졌는가라는 의문은 현대에 들어 여러 가지 과학적 사실이 밝혀지면서 점차 풀리고 있지만, 죽은 뒤의 세계는 아직도 풀리지 않는 미지의 영역입니다. 신화에는 이러한 죽은 뒤의 세계에 대한 이야기가 담겨 있습니다.

하데스가 다스리는 지하 세계 '타르타로스'도 죽은 뒤의 세계에 대한 이야기 중 하나입니다. 머리 셋 달린 케르베로스가 지키는 '타르타로스'는 산 자와 죽은 자가 자유롭게 드나들지 못하는 엄격한 곳입니다. 메소포타미아의 고대 수메르인들도 죽어서 들어가면 영영 나오지 못하는 '쿠르'라는 곳이 있다고 믿었습니다.

고대 유대 민족은 죽은 뒤의 세계를 '셰올'이라고 불렀습니다. 무덤이라는 뜻의 '셰올'은 음침하고 추운 곳으로 여겨졌습니다. 재미있는 사실은 세계 여러 나라의 신화와 종교가 표현하는 죽은 뒤의 세계 모습이 비슷하다는 것입니다.

　페르세포네가 음침하고 어두운 지하 세계를 보고 겁을 먹었던 것처럼 죽은 자의 세계는 항상 두려움의 대상으로 표현되었습니다. 하나의 이야기에서 여러 신화가 갈라져 나왔기 때문이기도 하지만, 알 수 없는 것에 대한 공포가 죽은 뒤의 세계를 모두 비슷하게 그려 낸 것일지도 모릅니다.

　그렇다면 여러 신화와 전설에는 왜 빠짐없이 죽은 뒤의 세계가 등장하는 것일까요? 신화는 인간이 풀 수 없는 수수께끼를 둘러싼 상상력으로 넘쳐납니다. 신화에 등장하는 사후 세계 또한 그러한 풍부한 상상력이 구체적으로 그려진 것입니다. 신화에는 이렇게 인간의 상상력으로 가득 찬 흥미진진한 요소들이 풍부하게 들어 있습니다.

미로 찾기

미로 찾기로
모험을 떠나 보아요!

출발

도착

정답은 맨 뒷장에 있습니다.

그리스 로마 신화 주요 인물의 이름

그리스어	로마어	영어
가이아	텔루스	
니케	빅토리아	나이키, 빅토리
데메테르	케레스	세레스
디오니소스	바쿠스	바커스
레아	키벨레	시벨레
아레스	마르스	마스
아르테미스	디아나	다이애나
아테나	아테네, 미네르바	
아폴론	아폴로	아폴로
아프로디테	베누스	비너스
에로스	쿠피드, 아모르	큐피드
오디세우스	울릭세스	율리시스
우라노스	카일루스	유러너스
제우스	유피테르	주피터
크로노스	사투르누스	새턴
페르세포네	프로세르피나	
포세이돈	넵투누스	넵튠
하데스	플루톤	플루토
헤라	유노	주노
헤라클레스	헤르쿨레스	허큘리스
헤르메스	메르쿠리우스	머큐리
헤스티아	베스타	
헤파이스토스	불카누스	벌컨

미로 찾기 정답

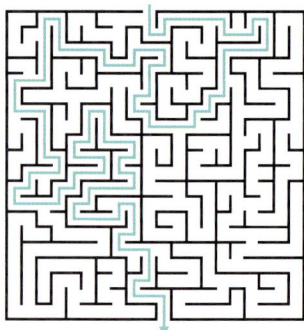

달과 사냥의 신 아르테미스

초판 1쇄 인쇄 2021년 2월 3일
초판 1쇄 발행 2021년 2월 10일

지음 토마스 불핀치 | **엮음** 주니어RHK 편집부
그림제공 ㈜SBS콘텐츠허브
원작 만화로 보는 그리스 로마 신화(이광진 엮음, 홍은영 그림, 가나출판사)

발행인 양원석   **책임편집** 김민정   **디자인** 강소정
영업마케팅 윤우성, 박소정

펴낸 곳 ㈜알에이치코리아
주소 서울시 금천구 가산디지털2로 53, 20층 (가산동, 한라시그마밸리)
편집문의 02-6443-8872   **도서문의** 02-6443-8800   **팩스** 02-6443-8959
등록 2004년 1월 15일 제2-3726호

ⓒ 올림포스 가디언
ⓒ SBS/SBS콘텐츠허브/가나미디어/동우에이앤이

ISBN 978-89-255-8915-2 (73210)

어린이제품 안전특별법 표시 사항
제품명 도서 | **제조자명** ㈜알에이치코리아 | **제조국명** 대한민국 | **전화번호** 02)6443-8800
주소 서울시 금천구 가산디지털2로 53, 20층(한라시그마밸리)

※ 책값은 뒤표지에 있습니다.
※ 맞춤법과 띄어쓰기는 국립국어원의 기준에 따랐습니다.
※ 잘못된 책은 구입하신 곳에서 바꾸어 드립니다.
△ 책 모서리가 날카로워 다칠 수 있으니 사람을 향해 던지거나 떨어뜨리지 마십시오.

알에이치코리아 홈페이지와 블로그, SNS에서 자사 도서에 대한 더 많은 정보와 이벤트 혜택을 확인할 수 있으며,
전자책도 만나볼 수 있습니다.
홈페이지 http://rhk.co.kr | http://ebook.rhk.co.kr   페이스북 https://www.facebook.com/rhk.co.kr
블로그 http://randomhouse1.blog.me   유튜브 http://www.youtube.com/randomhousekorea
주니어RHK 포스트 https://post.naver.com/junior_rhk   인스타그램 @junior_rhk